... Armée

Division
—
37ᵉ BRIGADE
—
74ᵉ RÉGIMENT TERRITORIAL
D'INFANTERIE
—

CONFÉRENCE

SUR LES

DIVERSES OPÉRATIONS ADMINISTRATIVES

D'UNE COMPAGNIE TERRITORIALE

EN CAS DE PÉRIODE D'EXERCICES

DÉVELOPPÉE A PARIS, LE 30 JUILLET 1890

Par M. le Capitaine Adjudant-Major **COUTURE**

SOUS LA

PRÉSIDENCE DE M. LE LIEUTENANT-COLONEL BARÉ,
COMMANDANT LE RÉGIMENT.

LA FLÈCHE

IMPRIMERIE ET LITHOGRAPHIE DESNIER-JOURDAIN.

—

1890

10ᵉ Corps d'Armée

19ᵉ Division

37ᵉ BRIGADE

74ᵉ RÉGIMENT TERRITORIAL
D'INFANTERIE

CONFÉRENCE

SUR LES

DIVERSES OPÉRATIONS ADMINISTRATIVES

D'UNE COMPAGNIE TERRITORIALE

EN CAS DE PÉRIODE D'EXERCICES

DÉVELOPPÉE A PARIS, LE 30 JUILLET 1890

Par M. le Capitaine Adjudant-Major COUTURE

SOUS LA

PRÉSIDENCE DE M. LE LIEUTENANT-COLONEL BARÉ,
COMMANDANT LE RÉGIMENT.

LA FLÈCHE

IMPRIMERIE ET LITHOGRAPHIE BESNIER-JOURDAIN.

1890

CONFÉRENCE

SUR LES DIVERSES

OPÉRATIONS ADMINISTRATIVES D'UNE COMPAGNIE TERRITORIALE

EN CAS DE PÉRIODE D'EXERCICES

Mon Colonel,

Messieurs,

Les différentes opérations administratives qu'un commandant de compagnie doit diriger pendant une période d'exercice peuvent se diviser en trois chapitres bien séparés :

1° Réception des gradés et des hommes, organisation de la compagnie ;

2° Nourriture et solde ;

3° Désarmement et renvoi des gradés et des hommes.

Nous allons examiner successivement ces diverses opérations en suivant l'ordre que nous venons d'indiquer.

CHAPITRE PREMIER

Les officiers, les sous-officiers et les caporaux sont convoqués pour une date qui précède de deux jours celle fixée pour l'arrivée des soldats. Il appartient dès lors au commandant de compagnie de profiter de ces deux journées pour assurer ce que nous appellerons les opérations préliminaires.

Ici, nous allons prendre l'ordre chronologique et suivre minute par minute les différents travaux à exécuter.

Il est d'un usage jusqu'à présent constant de convoquer les Territoriaux pour un lundi ; l'heure de l'arrivée est ordinairement fixée à midi. C'est donc le samedi à midi qu'arriveront les sous-officiers et les caporaux.

Les officiers sont déjà réunis, ils ont reçu au rapport du matin les ordres de leur colonel, ils n'ont donc plus qu'à s'occuper de préparer l'arrivée de leurs hommes.

La première chose que doit faire le commandant de compagnie, c'est de demander au capitaine-major la liste d'appel de sa compagnie et l'état destiné au paiement de l'indemnité de route.

Je n'ai pas besoin de vous dire que la liste d'appel est un contrôle qui comprend tous les gradés et tous les hommes qui doivent régulièrement prendre part à la période d'exercice, et que l'état d'indemnité de route est un deuxième tableau sur lequel figurent tous ceux qui ont droit, à leur arrivée, aux indemnités dont nous parlerons dans un instant.

Lorsque le commandant de compagnie est en possession de ces deux pièces, à la conservation desquelles il doit veiller avec le plus grand soin, il demande à l'officier de casernement de lui désigner les différents locaux affectés au logement de sa compagnie. Il installe immédiatement le bureau du sergent-major, de façon à pouvoir sans aucun délai préparer les pièces, tracés, états, etc... dont il aura besoin dès le premier jour.

A cette occasion, je ne saurais trop conseiller aux commandants de compagnie de se pourvoir dès le matin de quelques mains de papier écolier, ainsi que de règles, de crayons, de porte-plumes et d'encriers. C'est une avance insignifiante que le capitaine fait ainsi à sa compagnie, mais il économisera bien du temps en ayant immédiatement sous la main les outils nécessaires à la préparation de son travail.

Revenons à nos gradés. A ce moment il est midi ou midi et demi environ ; les sous-officiers et les caporaux viennent d'arriver et attendent dans la cour de la caserne.

L'adjudant-major de jour les a déjà divisés par compagnie ; les capitaines n'ont plus qu'à en prendre possession et à les réunir dans le bureau du sergent-major.

Ce sous-officier ou son suppléant est séance tenante mis en fonctions et commence son travail sans perdre un instant, car en ce moment les minutes sont précieuses.

Il ouvre immédiatement l'état des hommes arrivés. — Cet état n'est pas prévu par les règlements, mais je vous engage à ne pas négliger de le faire tenir. — Son tracé est des plus simple : cinq colonnes : pour le numéro matricule, les nom, prénoms, le grade, les observations.

Aussitôt ce tracé fait, le capitaine prend la liste d'appel devant lui, tandis que le sergent-major s'apprête à inscrire sur la liste les hommes arrivés, et l'opération commence.

Chaque gradé passe devant le bureau en présentant son livret. Le capitaine vérifie, par le numéro matricule, les nom et prénoms, si le gradé qui se présente est bien celui qu'il attend. Si tout est d'accord, il écrit au crayon en face du nom de l'arrivé, dans la colonne observation : arrivé le....., et dicte au sergent-major le numéro matricule, le nom, les prénoms et le grade de l'arrivé.

Cet état, que je conseille de dresser ainsi, pourra être considéré comme inutile par certains capitaines, puisqu'en réalité il fait double emploi avec les mentions faites sur les listes d'appel. Néanmoins, j'ai appris par expérience qu'une erreur est bientôt commise, en faisant les inscriptions sur la liste d'appel ; et si le capitaine n'a rien pour pointer cette liste, il sera obligé en cas d'erreur de reprendre les hommes un par un, ce qui sera dix fois plus long que d'établir l'état en question.

J'ai vu employer un autre procédé qui paraît plus simple que celui que j'indique : c'est de retirer à l'homme qui arrive son livret individuel, et alors le pointage peut se faire au moyen des livrets. Je ne saurais vous engager à procéder ainsi, car un livret s'égare facilement, et alors vous n'avez plus rien et vous vous exposez à de graves erreurs. Pour éviter ces erreurs, il faut faire un enregistrement des livrets retirés ; autant alors faire un enregistrement des hommes arrivés, et vous avez l'avantage de ne pas retirer les livrets au moment de l'arrivée, ce que je considère comme une méthode défectueuse.

Permettez-moi, pour ne plus y revenir, d'insister sur ce point très important de ne pas prendre le livret d'un homme avant qu'il ne soit complètement habillé, équipé, armé et remis aux mains de son caporal. Dans le coup de feu de l'arrivée, beaucoup d'hommes sont absolument ahuris, et vous serez incapable de savoir exactement comment ils s'appellent, s'ils n'ont pas leur livret à vous présenter. Par conséquent, veillez très attentivement à ce que les livrets ne soient pas retirés, et donnez cette consigne à vos officiers et à vos gradés pendant que vous les avez sous la main.

Revenons à nos sous-officiers et caporaux. — Tous ont passé devant le bureau ; ils sont pointés « arrivés » sur la liste d'appel et enregistrés sur l'état spécial. Si, au cours de cette vérification, il s'élève une difficulté, il faut immédiatement envoyer l'arrivé, accompagné d'un de vos officiers, au major, qui tranche la difficulté.

Dès que vos sous-officiers et caporaux sont vérifiés, il faut les habiller, — s'ils ne le sont déjà, — sans perdre un instant, car vous n'aurez véritablement vos hommes dans la main qu'autant qu'ils seront en uniforme.

Je dois ici vous rappeler en quelques mots les prescriptions du règlement du 18 mars 1889, en ce qui concerne le service de l'habillement des territoriaux.

Les effets d'habillement et ceux de grand et petit équipement qui doivent être remis aux territoriaux sont fournis à chaque compagnie territoriale par une ou plusieurs compagnies de l'armée active désignées par le chef de corps actif.

Les commandants des compagnies de l'armée active désignés prélèvent sur les effets de leur compagnie, tant en magasin qu'en service, le nombre, augmenté d'un dixième, des effets nécessaires à l'effectif qu'ils sont chargés de pourvoir.

Ces effets, convenablement nettoyés et réparés, et marqués à la lettre de la compagnie à laquelle ils appartiennent, sont déposés, en temps utile, par les soins des commandants de compagnie de l'armée active, dans les locaux désignés pour cet objet par l'autorité militaire.

Les commandants de compagnie de l'armée territoriale prennent charge des effets et les distribuent ensuite à leurs hommes.

Par conséquent, tous les effets étant préparés dès avant l'arrivée des cadres territoriaux, les capitaines territoriaux peuvent et doivent en prendre possession dès le premier jour.

Pour la remise de ces effets, le chef de corps actif et le chef de corps territorial s'entendent pour prescrire à leur rapport du samedi matin l'heure à laquelle cette remise doit être faite.

A l'heure prescrite le capitaine territorial, accompagné de ses officiers et de quelques sous-officiers et caporaux, se rend dans le local où les effets ont été déposés, et où il trouve le capitaine actif ou son suppléant.

Il est immédiatement procédé au comptage et à la vérification des effets.

Cette opération n'est pas difficile, mais elle est délicate et vous ne sauriez y apporter trop de soins ; aussi est-il indispensable que vous ayez avec vous vos officiers pour diviser le travail. Il faut que chaque lot d'effets soit compté pièce par pièce et que chaque pièce soit vérifiée, car une fois reçus les effets sont sous votre responsabilité. Je vous engage à faire vérifier tout particulièrement les boutons de cuivre des capotes, les jugulaires et ventilateurs des képis, les crochets et courroies des sacs, les boutons des bretelles de fusils ; — ce sont là des petites pièces qui manquent facilement et qu'il faut ensuite remplacer.

Dès que cette vérification est faite, vous donnez reçu à

la compagnie active des effets transmis et que par ce fait vous prenez en charge. Inutile de vous recommander de prendre copie du reçu que vous donnez.

Aussitôt en possession de vos effets, il faut procéder à l'habillement et à l'équipement de vos gradés.

Pour toutes les distributions d'effets que vous avez à faire dans votre compagnie, je vous engage à préparer un ou plusieurs contrôles nominatifs contenant autant de colonnes qu'il y a de genres d'effets à distribuer, et d'y inscrire les hommes avec leur matricule, au fur et à mesure qu'ils sont habillés et équipés, en indiquant par une unité dans les colonnes les effets distribués.

Je n'ai pas besoin de vous dire que cet état n'est pas obligatoire, mais si vous ne le dressez pas je ne sais pas véritablement comment vous pourrez vous y retrouver dans votre magasin ; aussi je vous conseille vivement de le faire dresser et au besoin de le préparer vous-même avant la période. Ce sera du temps gagné et on n'en a jamais de trop.

Par conséquent, je suppose votre état tracé et un comptable prêt à écrire. Vous procédez alors à l'habillement de vos gradés, en ayant bien soin de pointer chaque effet remis.

Les adjudants seuls ont droit à des effets neufs ou très bons prélevés sur les approvisionnements de guerre ou de parade. Quant aux sous-officiers, ils n'ont droit qu'à des effets de la collection d'instruction, mais ces effets doivent être choisis parmi les meilleurs. Les galons de grade sont prélevés sur la collection d'instruction de la compagnie active ; ils peuvent être délivrés cousus sur les effets ou séparément.

Les képis délivrés aux sous-officiers sont pourvus de la fausse jugulaire en métal.

De plus, les sous-officiers et caporaux reçoivent un assortiment complet d'effets d'habillement de rechange de la collection d'instruction.

Chaque gradé s'habille séance tenante et il fait immé-

diatément un ballot de ses effets civils, qui, après avoir
été étiqueté au nom de son propriétaire, est immédiatement déposé dans le magasin de la compagnie.

Les gradés font également un paquet de leurs effets de
rechange, et le portent dans les chambres qui leur sont
affectées, en même temps que leurs effets de grand et de
petit équipement.

Il ne vous reste plus alors qu'à armer vos gradés. Si,
dès le premier jour, l'officier d'habillement est en mesure
de vous délivrer les armes nécessaires, profitez-en et ne
remettez pas au lendemain.

Pour la distribution des armes, je vous engage à tenir
un contrôle — au besoin le même que celui de l'habillement — sur lequel, en face du nom de l'homme que vous
venez d'armer, vous inscrivez la série et le numéro de
l'arme remise.

Ces opérations terminées, vous êtes bien près de l'heure
de la soupe ; aussi je vous engage à fermer soigneusement
votre magasin et à en mettre la clef dans votre poche. Il
ne vous reste plus alors qu'à payer l'indemnité de route
à vos gradés au moyen des fonds qui vous ont été remis
dans la journée par le Conseil d'administration. Je re-
viendrai dans un instant sur cette question de l'indemnité de route et vous en parlerai plus au long quand il
s'agira de l'indemnité à payer aux hommes.

Dès que vos gradés sont payés, donnez-leur la liberté,
en même temps que vous leur indiquez rendez-vous pour
le lendemain dimanche, de bonne heure.

Vous gardez seulement vos comptables, pour établir le
certificat d'entrée en solde des gradés arrivés et préparer
votre première situation.

Le certificat d'entrée en solde se dresse conformément
au modèle que vous trouvez dans tous les manuels, je ne
m'y arrêterai donc pas ; je vous rappellerai seulement
qu'en principe tout homme entre en solde du lendemain
de son arrivée, et que seuls les officiers entrent en solde
du jour de leur arrivée, à moins qu'ils n'aient touché

l'indemnité de route pour cette journée, ce qui d'ordinaire ne se fait pas.

Par conséquent, votre première situation, qui sera remise au rapport du dimanche, ne comprendra rien que des officiers.

Je ne saurais trop vous recommander de bien veiller à l'établissement de vos situations, car c'est de leur exactitude que dépendra votre bonne ou votre mauvaise gestion, et, si vous débutez mal, vous aurez toutes les difficultés imaginables pour vous remettre à niveau. J'aurai, du reste, l'occasion de revenir bientôt sur cette question de la situation journalière.

Nous voici arrivés à la deuxième journée, c'est-à-dire au dimanche matin. A l'heure prescrite, vos officiers et vos gradés sont réunis ; il faut vous rendre tous ensemble à votre magasin d'habillement pour préparer la réception de vos hommes.

Je n'ai pas besoin de vous dire que les effets qui vous ont été remis la veille par les compagnies actives ne sont pas ordinairement classés par tailles ; par conséquent, si, au moment de l'arrivée des hommes, vous ne voulez pas être retardé par des tâtonnements et des essayages inutiles, il faut procéder vous-même à un classement tout au moins sommaire.

Je vous engage à faire trois tailles seulement pour ne pas compliquer vos divisions. Si les inscriptions qui doivent se trouver sur les doublures des effets sont visibles, le travail sera très simple.

Conformément aux prescriptions des dernières instructions ministérielles, chaque effet porte sur la doublure deux rectangles qui donnent immédiatement les mesures.

Ces deux rectangles sont superposés ; le rectangle du haut, qui est le plus petit, donne le type ; c'est de celui-là seul que vous aurez besoin de vous occuper.

Les capotes ont huit longueurs différentes, allant de 131 centimètres à 100 centimètres, et quatre grosseurs. Les longueurs sont indiquées par les lettres de A pour les plus grandes, à H pour les plus petites, et les grosseurs par les numéros 1 à 4.

Vous pouvez, dès lors, classer dans votre première taille toutes les capotes marquées A, B, C; dans la deuxième celles marquées D, E, F, et dans la troisième celles marquées G et H.

Pour les pantalons, le classement se fera de la même façon. Les types réglementaires comprennent neuf tailles, marquées de A à I ; par conséquent, vous pouvez classer A, B et C dans la première grandeur, D, E, F, dans la seconde, et G, H, I dans la troisième.

Dans le cas où ces inscriptions seraient effacées, il vous faudra prendre un mètre et classer vos capotes de la façon suivante :

    1re taille — de 130 à 120 de longueur de dos;
    2me taille — de 119 à 110   dito
    3me taille — de 109 à 100   dito

et les pantalons sur les mesures suivantes :

    1re taille — 118 à 110 de longueur de côté ;
    2me taille — 109 à 101   dito
    3me taille — 100 à 65   dito

Lorsque ce classement est fait, il faut bien séparer les lots et mettre au besoin une étiquette distinctive au-dessus de chaque tas, pour éviter toutes confusions.

Il faut surtout ranger ces lots d'effets dans des emplacements où la circulation soit facile, et en plaçant les capotes de chaque taille à proximité des pantalons de même taille. Ce sont là, du reste, des questions de détail que chaque capitaine devra régler suivant son inspiration et pour lesquelles il n'y a pas de conseils possibles.

Il faut également placer les képis et les effets d'équipement dans un endroit d'un abord facile, et autant que possible avoir une ou plusieurs tables dans la pièce où se fera la distribution. Je vous montrerai tout à l'heure l'utilité de ces tables de distribution.

Lorsque votre magasin est ainsi préparé, ce qui demande de deux à trois heures, le travail de la réception des hommes est singulièrement facilité, et vous pouvez rendre la liberté à vos gradés, à moins qu'il ne vous arrive dans la journée du dimanche un détachement de gradés envoyés de Paris, auquel cas il vous faudrait conserver les comptables nécessaires pour assurer la distribution des effets d'habillement et d'équipement de ces nouveaux venus.

Dans la journée du dimanche, vous avez à établir comme pièces administratives le certificat d'entrée en solde des gradés, s'il en arrive, et la deuxième situation.

Sur cette situation, qui sera remise au rapport du lundi, figureront d'abord les officiers qui étaient sur la situation de la veille et aussi les gradés arrivés le samedi et qui ont droit à la solde pour la journée du dimanche. Bien entendu, vous justifierez cette inscription de vos gradés sur la situation par les mutations inscrites au verso ; il ne faut pas non plus oublier qu'en outre de la situation-rapport vous avez à fournir la situation administrative, qui n'est en réalité que la répétition de la première, et qui est destinée au contrôle administratif de l'intendance.

Tel est l'emploi de votre deuxième journée. — Je ne vous parle pas des contre-bons de vivre à établir ; nous y reviendrons quand il sera question de la nourriture.

Le troisième jour, c'est-à-dire le lundi, c'est le grand coup de feu. Les hommes arrivent les uns isolément, les autres en détachements ; ils entrent pêle-mêle dans la cour de la caserne, et la division de ces hommes par compagnie n'est pas toujours aisée. Pour faciliter cette sélection, il est bon de préparer des piquets portant de grandes pancartes avec l'indication du bataillon et de la compagnie, et de placer ces piquets aussi loin que possible les uns des autres.

Dès lors, aussitôt que les hommes arrivent, il faut que l'adjudant-major, aidé par deux ou trois sous-officiers, fasse exhiber le livret de l'arrivant et le dirige sur son piquet. Pour bien faire, il faut qu'il y ait auprès de chaque piquet un gradé de la compagnie, qui vérifie si l'homme n'a pas changé de direction depuis la porte et est bien venu au piquet qui lui a été indiqué, et aussi pour veiller à ce que les hommes, une fois classés, ne quittent plus leur piquet pour aller se mêler aux hommes d'autres compagnies.

Cette surveillance doit être faite avec la plus scrupuleuse attention.

Dès que le commandant de compagnie, qui surveille son piquet, voit un certain nombre d'hommes réunis, il les envoie chercher et les fait amener en très bon ordre à la porte du magasin d'habillement de la compagnie:

Au préalable, le commandant de compagnie a fait installer dans ce magasin les tables dont il peut disposer, et il a fait préparer les contrôles dont nous avons déjà parlé pour les distributions à faire aux gradés et sur lesquels sont inscrits avec le plus grand soin les effets distribués.

La première chose que le commandant de compagnie doit faire, c'est de s'assurer de l'identité de l'arrivant et de vérifier s'il est bien porté sur la liste d'appel de la compagnie. S'il n'y a pas de difficulté, l'homme est pointé « arrivé » sur la liste d'appel et inscrit également sur l'état spécial.

Le commandant de compagnie lui demande s'il a des cas de réforme à faire valoir ; si oui, il est différé à l'habillement jusqu'à la visite du médecin ; si non, l'homme est introduit dans le magasin d'habillement.

Pour procéder rapidement et sûrement, il n'y a qu'à prendre la taille de l'homme, soit à la toise ou par les inscriptions du livret, et à l'amener devant le lot correspondant à sa taille. L'homme reçoit une capote et un pantalon, qu'on lui fait mettre séance tenante, — c'est le plus sûr moyen qu'il ne les perde pas en route. — Quant à ses effets civils, on lui en fait faire un paquet immédiatement.

Dès que l'homme a sur le corps son pantalon et sa

capote, on le conduit à la distribution des effets d'équipement. Le gradé chargé de la distribution appelle chaque objet auquel l'homme a droit, et ces objets sont placés sur la table dont je vous ai parlé plus haut, de façon que l'homme puisse les bien voir, et on ne les lui laisse enlever que quand tout est au complet. Il faut alors lui faire enlever ses effets d'équipement et les lui faire mettre soit sur lui, soit dans ses poches, et bien le prévenir qu'il est responsable de tout ce qu'il vient de recevoir.

Lorsqu'il est ainsi équipé, il est prudent de le faire conduire dans une chambre de la compagnie et surtout ne pas l'en laisser sortir.

Il est bon de profiter de ce séjour des hommes dans les chambres pour leur faire échanger entre eux les effets trop grands ou trop petits, faire mettre les cravates et faire couper les cheveux.

Dès que tous les hommes sont habillés et équipés, il faut immédiatement former le rang de taille, constituer les sections, les 1/2 sections, et les escouades et bien faire reconnaître à chaque homme ses chefs et surtout son caporal.

Il est utile dès que cette opération est faite que chaque caporal fasse dire à plusieurs reprises et à haute voix à chaque homme le numéro de son bataillon, de sa compagnie et de son escouade, et qu'il lui fasse remarquer sa place dans le rang. Comme les hommes d'une même compagnie se connaissent généralement, il est bon de faire remarquer aux hommes leurs voisins de droite et de gauche.

Ces petites observations terminées, il faut dresser l'état du rang de taille. — Pour gagner du temps, cette inscription se fait par section par les soins des chefs de sections.

Avant de quitter le terrain sur lequel s'est fait le classement, il est indispensable de compter les hommes et ensuite de relever les inscriptions faites sur les listes des sections ; si les chiffres ne sont pas d'accord, il faut immédiatement pointer et ne pas quitter le terrain avant que l'erreur ne soit retrouvée.

Toutes ces opérations sont longues et laborieuses, aussi ne faut-il pas perdre de temps. Il faut dès la première minute, que les officiers et les gradés exigent le silence le plus absolu et l'ordre le plus parfait, c'est à cette condition que la réception des hommes se fera sûrement et rapidement.

Aussitôt le rang de taille terminé et vérifié, il faut ramener les hommes dans les chambres et désigner à chacun un lit; ou plus exactement la paillasse qu'il doit occuper; il est bon de laisser de place en place un lit vide pour les hommes qui arriveront en retard.

Chaque homme se débarrasse alors de ses effets d'équipement qu'il range comme il peut, suivant l'installation du casernement, le plus gros de la besogne est alors terminé. — Il ne reste plus qu'à réunir la compagnie pour la conduire au magasin d'armement et toucher les armes.

Pour éviter les erreurs, en faisant cette réception, il est utile que chaque homme reçoive son armement en passant dans l'ordre du rang de taille. S'il est possible de noter les numéros des armes à mesure que les hommes les reçoivent, il ne faut pas manquer de le faire. Cette inscription immédiate peut éviter bien des ennuis pendant le cours de la période d'instruction.

Je n'ai pas besoin de vous dire que les armes sont grasses quand vous les recevez, aussi est-il très important de les faire placer sur l'épaule, le canon en-dessus, autrement vos hommes rentreront à la chambre avec l'épaule de leur capote fortement salie par la graisse des fusils.

Lorsque les armes sont touchées et bien comptées, plutôt deux fois qu'une, les hommes sont ramenés à leur logement et les gradés font immédiatement dégraisser les armes, ajuster les bretelles de fusils, les sacs et les ceinturons en vue de la revue que d'ordinaire le colonel passe vers les quatre heures du soir.

Aussi ne faut-il pas perdre un instant, d'autant plus que

le commandant de compagnie doit encore assurer le paiement de l'indemnité de route.

Je conseille de ne pas faire ce paiement avant la revue du colonel, et pour le faciliter je ne saurais trop engager les capitaines à se munir de menue monnaie et de beaucoup de sous, de façon à donner à chaque homme son compte exact. Quand on donne une somme indivisément à plusieurs hommes, il y en a généralement un qui prétend ne pas avoir son compte et alors ce sont des criailleries et des réclamations qui font perdre beaucoup de temps.

Il est indispensable que le paiement soit fait par un officier. Ce paiement est constaté par l'indication P mise sur l'état d'indemnité en face du nom de l'homme qui le reçoit.

Je n'ai pas besoin de vous rappeler que cette indemnité se compose de deux sommes distinctes : l'indemnité journalière fixe de 1 fr. 25 et en outre de l'indemnité kilométrique qui n'est allouée qu'aux hommes ayant plus de 24 kilomètres à parcourir pour rejoindre le corps.

Ces deux indemnités sont indiquées séparément sur l'état et totalisées dans la dernière colonne.

Pour ne plus revenir sur ces indemnités, je vous dirai de suite qu'aussitôt le paiement achevé, le commandant de compagnie doit s'assurer par un pointage avec la liste de rang de taille si tous les hommes arrivés ont touché leur indemnité, et cette vérification faite, il dresse un état des hommes non arrivés et reverse au trésorier les sommes afférentes à ces hommes dès le lendemain de l'arrivée.

Les hommes qui arrivent postérieurement à ce reversement, touchent leur indemnité directement des mains du trésorier.

L'organisation de la compagnie est alors achevée ; le capitaine veille à ce que chaque chef de section, de demi-section et d'escouade dresse immédiatement son carnet, et il s'assure que le sergent-major prépare le certificat d'entrée en solde pour les hommes arrivés.

Ce certificat est beaucoup plus difficile à faire que ceux de la veille et de l'avant-veille, il est la base du droit aux perceptions, aussi le capitaine doit-il surveiller tout particulièrement son établissement et ne pas le signer avant de l'avoir pointé. Il est utile de noter le total par grade des militaires compris sur cet état.

Quant à la situation, elle ne fera pas encore mention des hommes arrivés qui ne doivent figurer que sur la situation du lendemain, par conséquent la situation dressée le lundi soir pour être remise au rapport du mardi ne comprendra encore que les militaires arrivés dans les journées du samedi et du dimanche.

CHAPITRE II

Je vous ai indiqué avec détail la façon d'organiser une compagnie. Il faut maintenant la nourrir et la payer. C'est pour parer à ces besoins qu'est organisé le service de la solde.

Ainsi que j'ai déjà eu l'occasion de vous le signaler, les sous-officiers, caporaux et soldats entrent en solde du lendemain de leur arrivée. Pour subsister le jour de l'arrivée, ils touchent l'indemnité journalière de 1 fr. 25 et en principe, c'est à eux de se procurer des vivres au moyen de cette somme.

Dans la pratique on procède généralement d'une autre façon. Pour la soupe du soir du jour de l'arrivée, le colonel du régiment territorial s'entend avec le colonel du régiment actif pour faire préparer cette première soupe par les compagnies actives, sauf, bien entendu, le paiement de sa valeur aux ordinaires.

Le prix de ce repas est retenu aux hommes sur le montant de leur indemnité de route.

D'autre part, les capitaines territoriaux touchent pour cette soupe du soir une 1/2 ration de pain supplémentaire qu'ils rattraperont facilement au cours de la période.

De cette façon, la nourriture des hommes est assurée,

sans qu'ils aient besoin de sortir du quartier avant l'organisation complète de la compagnie.

Ce n'est donc qu'à partir du mardi matin que les compagnies territoriales vivent de leur propre vie.

Je ne crois pas avoir besoin de vous rappeler que les vivres et denrées qui entrent dans l'alimentation du soldat sont le pain, — la viande, — les vivres d'ordinaires, — les vivres remboursables, — le sucre et le café.

Sous l'appellation générale de pain, il faut comprendre le pain et le biscuit.

Ces vivres se touchent pour deux jours. La ration de pain est de 750 grammes et la ration mixte de pain et biscuit se compose de 620 grammes de pain et de 100 grammes de biscuit.

Il est dès lors indispensable, avant de toucher du pain, de demander au trésorier si on touche du pain seul ou du pain et du biscuit.

La viande se touche chaque jour, elle est livrée par le boucher qui fournit le régiment actif et aux conditions du cahier des charges de ce régiment.

Comme le pain, la viande — à raison de 300 grammes par jour, — est donnée au soldat à titre gratuit, mais elle peut être livrée en nature ou fournie au moyen d'une indemnité représentative qui est perçue sur la feuille de prêt dont nous parlerons dans un instant.

Cette indemnité, variant d'une garnison à l'autre, le commandant de compagnie doit, dès le premier jour, se renseigner auprès du trésorier sur le chiffre de cette indemnité. Au point de vue comptable, cette indemnité figure aux recettes de l'ordinaire.

Les autres vivres qui entrent dans l'alimentation du soldat, tels que pommes de terre, choux, carottes, oignons, etc.., sont payés par le soldat au moyen d'une retenue sur sa solde.

Pour la fourniture de ces denrées, le régiment actif fait profiter le régiment territorial des marchés passés par la commission des ordinaires. Les commandants de compagnies territoriaux n'ont donc pas à se préoccuper d'assurer ces approvisionnements qu'ils trouvent au quartier.

Le sucre et le café se touchent pour quatre jours, et sont fournis gratuitement aux hommes. La ration varie suivant les appareils existant dans la caserne pour la préparation du café. Il y a donc lieu pour les capitaines de se renseigner auprès du trésorier sur l'importance de la ration.

Les vivres remboursables sont délivrés par ordre du commandement et comme leur nom l'indique, ils sont payés au moyen de la retenue faite aux hommes pour alimenter l'ordinaire.

Ces explications données, voici comment s'opère les perceptions.

Le colonel territorial et le colonel actif s'entendent pour fixer les jours et heures des distributions de façon à ce que le service ne soit pas encombré par ce double travail. Ces jours et heures sont portés à la connaissance des compagnies par la voie du rapport.

Dès lors, la veille du jour fixé pour la distribution, le commandant de compagnie fait établir le « bon », c'est-à-dire sa demande de vivres, et c'est la quantité par lui demandée qui sera livrée et dont il sera débité.

Par conséquent, il est utile de bien veiller à l'exactitude des bons, et à ne demander ni trop, ni trop peu. Si on demande trop peu, on prive les hommes de vivres qui leur sont dus, si on demande trop, et que l'on fasse du trop-perçu en fin de période, le capitaine est obligé de payer de sa poche. C'est pourquoi, le commandant de compagnie doit toujours surveiller ses perceptions, et tenir la main à ce qu'elles soient le plus juste possible.

La pièce qui permet de vérifier les perceptions, c'est la situation journalière dont je vous ai déjà parlé sommairement.

Cette situation indique jour par jour la position des hommes ayant droit à la solde, aux vivres et aux indemnités. Dès lors si la situation est bien tenue, la vérification de toute la gestion est facile.

Nous avons déjà vu l'établissement des trois premières situations, la quatrième qui sera dressée le mardi soir, pour être remise le mercredi au rapport, est de beaucoup la plus difficile à établir.

C'est elle en effet qui va contenir la compagnie au complet, elle va signaler d'un seul coup une mutation de 150 à 200 hommes, il faut dès lors ne pas se tromper, car si une erreur se glisse par malheur dans cette situation, toute la comptabilité s'en ressentira.

Vous avez du reste pour pointer cette situation plusieurs documents : 1° L'état des hommes arrivés. — 2° L'état des hommes habillés. — 3° Le contrôle du rang de taille. — 4° Le certificat d'entrée en solde dont vous avez dû enregistrer le total.

Si tous ces états concordent, vous pouvez marcher avec sécurité.

Vous savez qu'aux termes des règlements actuels la situation doit être relevée immédiatement sur la feuille de journée tenue au jour le jour dans la compagnie, de plus vous devez faire ressortir dans les colonnes *ad hoc*, le nombre des indemnités et de rations auxquelles votre compagnie a droit chaque jour. Dès lors, si vous voulez savoir où en sont vos perceptions, vous n'avez qu'à comparer la feuille de journée avec les perceptions faites, et vous constaterez facilement si vous avez du trop ou du moins perçu.

Je ne saurais trop vous engager à faire cette vérification tous les deux ou trois jours au plus, car vous ne devez pas perdre de vue que vous n'avez que douze jours pour faire toutes vos perceptions, et que vous n'avez pas, pour vous rattraper, tout un trimestre, comme dans l'armée active.

Je ne vous parlerai pas d'une façon plus détaillée de la tenue de la feuille de journée, vous avez sur la feuille elle-même toutes les explications nécessaires, et en ce qui concerne la tenue du registre de comptabilité, il ne saurait non plus y avoir aucune complication.

Il ne me reste plus qu'a vous parler rapidement du cahier d'ordinaire. — C'est le livre, comme vous le savez du reste, sur lequel vous avez à inscrire toutes les opérations de l'ordinaire de votre compagnie. — La page de gauche sert à l'inscription des recettes, celle de droite sert à l'inscription des dépenses, et en faisant la balance de ces deux pages, vous voyez de suite si vous avez du trop perçu ou du boni. — Lorsque vous avez du boni, vous pouvez l'employer à l'amélioration de l'ordinaire ou à donner aux hommes quelques rations de vin. Dans tous les cas, le compte de l'ordinaire doit se solder en fin de période et le boni qui existe doit être donné en espèces aux hommes avant leur départ.

Nous avons à examiner maintenant comment on perçoit la solde et les indemnités en argent, autrement dit le prêt, car jusqu'à présent nous n'avons parlé que des dépenses et nullement du moyen de les couvrir.

Si j'ai procédé ainsi, c'est qu'en réalité on ne touche le prêt qu'après avoir fait les dépenses et j'ai suivi l'ordre chronologique des opérations.

La solde et les indemnités se touchent à terme échu tous les cinq jours, le 5, le 10, le 15, etc... C'est seulement au cas où la compagnie territoriale ne pourrait profiter de l'organisation de la commission des ordinaires du régiment actif, que le prêt peut être payé d'avance.

Les tarifs de la solde proprement dite, ont été modifiés dernièrement; c'est dès lors sur le tarif suivant que vous aurez à opérer, lors de la prochaine période :

Adjudant................ .	2 fr. 65
Sergent-major	1 fr. 25
Sergent et fourrier........	0 fr. 95
Caporal-fourrier..........	0 fr. 75
Caporal, caporal tambour,	
caporal clairon........	0 fr. 45
Tambour et clairon........	0 fr. 30
Soldat....	0 fr. 27

Je ne vous arrêterai pas sur la confection même de la

feuille de prêt, comme pour les bons, c'est une demande
d'argent que vous formulez, et c'est à vous de veiller à ce
qu'il y n'ait pas de trop perçu. Vous pouvez faire ce
contrôle par un moyen analogue à celui que je vous ai
indiqué pour les vivres.

Voilà, d'une façon aussi résumée que possible, comment
s'administre une compagnie territoriale. Cette administration n'a rien qui puisse préoccuper plus que de raison
les jeunes capitaines territoriaux. — Il ne faut qu'un peu
de soin et de méthode pour arriver sans encombres au
bout de la période.

Si dans le cours de vos opérations vous êtes embarras-
sé, il ne faut pas hésiter à demander un conseil à un ca-
marade plus expérimenté, et si la difficulté vous paraît
grande, allez prendre l'avis du capitaine-major de votre
régiment, vous trouverez en lui un guide sûr et dévoué
qui sera toujours heureux de vous aider dans vos travaux.

CHAPITRE III

Le désarmement et le renvoi des hommes ne présentent
aucune difficulté, il ne faut qu'un peu d'attention pour
mener à bonne fin cette opération.

La première chose que le commandant de compagnie
doit faire exécuter dès le petit matin du dernier jour, est
le vidage des paillasses et des traversins, et le battage des
couvertures, mais il faut absolument exiger que chaque
homme rapporte exactement à sa place dans la chambre,
ses différents effets de couchage et qu'il les place bien en
ordre les uns sur les autres, ou les uns près des autres,
de façon qu'ils puissent être facilement passés en revue
avant le versement. — Si vous procédez autrement vous
serez en cas de disparition d'effets dans l'impossibilité de
retrouver le maladroit qui a perdu les effets manquants.

Aussitôt cette revue terminée, il n'y a qu'à réunir chaque sorte d'effet par paquet de dix pour en faire ensuite
la remise à l'officier de casernement.

Pour le retrait des effets d'habillement et d'équipement, le procédé qui donne le plus de sécurité est, à mon avis, celui qui consiste à reprendre l'état qui a servi à l'habillement et à l'équipement.

A mesure que l'homme rend l'effet qu'il a reçu en commencement de période, on biffe l'unité qui avait constaté la réception.

En procédant ainsi, le commandant de compagnie évite les erreurs et ne peut matériellement pas oublier de réclamer à l'homme aucun des effets par lui reçus. Je ne saurais trop conseiller de bien faire vérifier si chaque effet rendu est complet, car s'il manquait quelque chose, ne serait-ce qu'un bouton, le capitaine sera tenu de payer l'objet manquant à la compagnie active qui a fourni les effets.

Si la compagnie territoriale a reçu des effets de plusieurs compagnies actives, il faudra prendre bien soin de réunir les effets portant la même lettre, de façon à rendre à chacun ce qui lui appartient.

Dès que ce lotissement est fait, le commandant de compagnie doit faire plier les effets avec soin après s'être assuré qu'ils sont bien brossés et les faire mettre par paquets de dix pour faciliter le reversement. Il fera réunir tous les paquets dans la pièce où ils ont été mis par la compagnie active lors de l'arrivée, et aussitôt cette opération faite, le capitaine ferme la porte du magasin et met la clef dans sa poche en attendant l'heure fixée pour la remise des effets à la compagnie active.

Il n'y a plus alors qu'à verser les armes. — Je conseille d'exiger que chaque nécessaire soit attaché au fusil et que chaque homme fasse lui-même la remise de son arme à un officier de la compagnie, de cette façon, s'il manque des nécessaires d'armes ou des baguettes, on sait à qui s'en prendre. — Lorsque les armes sont comptées et que le commandant de compagnie a la certitude qu'il ne lui manque rien ; il n'a plus qu'à attendre l'heure prescrite pour faire le versement dans le local désigné pour la remise des armes.

Je n'ai pas besoin de vous dire que l'ordre que je viens d'indiquer pour les différentes opérations du désarmement, n'a rien de réglementaire, et il peut très bien arriver que pour les besoins du service vous soyez tenu de verser les armes avant que les hommes ne soient déshabillés. — Cette interversion dans l'ordre des opérations ne modifie nullement les mesures de précaution que je vous conseille de prendre, et c'est au commandant de compagnie qu'il appartient de combiner ses opérations pour se conformer aux heures prescrites par le rapport.

Il y a un effet de petit équipement sur lequel j'attire tout particulièrement votre attention, c'est la gamelle individuelle. — Il ne faut pas oublier que vos hommes ont droit à la soupe du matin et que par conséquent vous ne pouvez pas retirer les gamelles avant 9 heures 1/2. — Je vous engage à exiger sévèrement que chaque homme rapporte lui-même sa gamelle après l'avoir nettoyée. — Si vous ne prenez pas cette précaution ; il vous en manquera certainement une douzaine et vous serez dans l'impossibilité de savoir sur qui faire retomber la faute. — Je vous conseille, en passant, de surveiller très attentivement ces gamelles en cours de la période et au besoin à les faire passer en revue la veille du départ.

Tous les effets étant versés, il ne vous reste plus qu'à payer à vos hommes l'indemnité de route à laquelle ils ont droit pour retourner dans leurs foyers.

Pour faire ce paiement le trésorier remet aux commandants de compagnie un état nominatif et la somme nécessaire au paiement, qui doit être fait avec le même soin que le paiement à l'arrivée. Je considère comme absolument indispensable que cette dernière opération soit surveillée par un officier. — Je vous signale à cette occasion que l'indemnité n'est due qu'aux hommes ayant 37 kilomètres et au-delà à parcourir pour rentrer dans leurs foyers.

Le paiement de l'indemnité terminé, le capitaine réunit pour la dernière fois sa compagnie dans la cour du quartier, il s'informe auprès de chaque homme des réclamations qu'il peut avoir à formuler, et quand tout est réglé, il remet sa compagnie à l'adjudant-major chargé de former les détachements de départ

Pour résumer cette conférence déjà trop longue, je ne saurais trop vivement recommander aux commandants de compagnie de veiller scrupuleusement à tous les petits détails qui peuvent assurer le bien-être du soldat.

Les capitaines qui suivront ce conseil acquièreront très rapidement la confiance de leurs hommes et ils pourront compter sur leur dévouement le plus absolu.

Cette attention de tous les instants facilitera singulièrement l'exercice du commandement pour les capitaines et rendra la discipline aisée pour les soldats, certains qu'ils seront que leurs chefs prennent leurs intérêts partout et toujours. Aussi ne faut-il pas hésiter à descendre dans les détails de la vie de l'homme de troupe et ne jamais oublier que, le ventre vide ou sans souliers aux pieds, le meilleur soldat devient bien vite un indiscipliné.